J. FEHMI

LES
COULISSES HAMIDIENNES
DÉVOILÉES
PAR UN JEUNE TURC

Les bienfaits d'autrefois sont oubliés
comme la ... [illegible]
... [illegible]

(Devise ... [illegible])

PARIS
A. MICHALON, ÉDITEUR
rue Monsieur-le-Prince

LES COULISSES HAMIDIENNES

dévoilées par un Jeune Turc

JOSEPH (YOUSSOUF) FEHMI

Fils de S. E. FEHMI BEY, ex-secrétaire général
des vilayets de
Salonique, Smyrne, Rhodes, Adana, etc.

J. FEHMI

LES COULISSES HAMIDIENNES

DÉVOILÉES

PAR UN JEUNE TURC

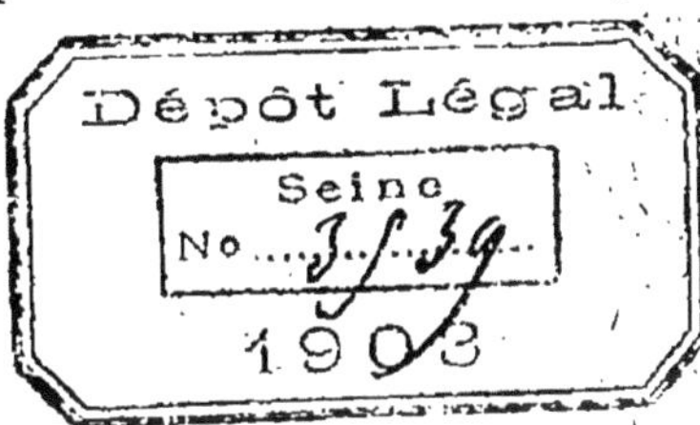

Les biens du Padischah sont immenses comme la mer ; celui qui n'en mange pas est un cochon.

(Devise officielle sous ABDUL-HAMID).

PARIS

A. MICHALON, ÉDITEUR

26, rue Monsieur-le-Prince, 26

—

1904

A MON PÈRE

fonctionnaire qui est loin d'avoir mes idées

je dédie cette brochure

pour son éducation politique

Programme politique

1. — Soulèvement de la nation au cri de Liberté et Justice égales pour tous les Ottomans.

2. — Création à Constantinople d'un Comité de Salut public dont les membres seront élus par les chefs du mouvement.

3. — Exclusion du Comité de Salut public de tous ceux qui ne sont pas Ottomans.

4. — Mise hors la loi du Sultan et de l'héritier présomptif.

5. — Mise hors la loi du Cheik-ul-Islam et des cannibales hamidiens.

6. — Délivrance de Mourad V et de tous les condamnés politiques, sans distinction de race ni de religion.

7. — Dissolution de quelques confréries religieuses musulmanes, et mise sous séquestre des effets et objets sacrés qui pourraient servir à la réaction.

8. — Appel de tous les Ottomans majeurs, pour la création d'une assemblée dans le but d'élaborer une Constitution.

9. — Création d'un tribunal révolutionnaire provisoire dont les membres seront pris par roulement dans l'Assemblée.

10. — Abolition des tortures et des privilèges.

11. — Liberté et respect absolu des étrangers et de leurs propriétés, même pour ceux d'entre eux qui ont servi le gouvernement hamidien.

12. — Expulsion des factieux et confiscation de leurs biens.

13. — Création d'un nouveau corps de police pour le maintien de l'ordre.

14. — Egalité de tous les Ottomans devant la loi protectrice ou répressive.

15. — Libre accès à l'Assemblée de tous les Ottomans, âgés de 25 ans au moins, élus par le suffrage universel.

16. — Garanties sérieuses des dettes ou obligations contractées antérieurement vis-à-vis des puissances ou des particuliers étrangers.

17. — Amnistie générale sitôt la proclamation de la Constitution, pour tous les réactionnaires qui ne furent pas mis hors la loi sous le gouvernement provisoire.

Une fois la Constitution élaborée et un gouvernement définitif nommé, le pays sera régi par les lois successivement votées à l'Assemblée légitimement constituée.

Les origines
des Princes impériaux en Turquie

Les plus belles femmes des provinces turques, se distinguant des autres par leur jeunesse et leurs charmes incontestables, tout le monde le sait, peuplent le Harem du Sultan. Ce qu'on ne sait pas, c'est qu'elles s'usent et s'étiolent dans le luxe et l'opulence.

Il y a, disent-elles aux eunuques gardiens du Sérail, quelque chose dans notre cœur qui ne se contente pas de ces richesses et de ces mets succulents ; notre corps veut s'épanouir. Où est le Padischach ? qu'il vienne se répandre en nous.

Elles sont prises de démence libidineuse, de spasmes épouvantables, ces belles études académiques, vivantes et parfaites, auxquelles on refuse même la société d'un chien.

A la longue, elles tombent dans des surexcitations naturelles forcées. Elles se jettent alors dans un érotisme monstrueux dont les conséquences, parfois, se font sentir dans leurs progénitures, qui sont, 99 fois sur 100, atteintes d'érotisme, d'imbécillité ou de manie de persécution, toujours de despotisme.

A ces femmes jeunes et ardentes, dont l'intellect nul est compensé par une imagination passionnée, il faut une vie normale, naturelle, avec des plaisirs sexuels réguliers ; faute de cela, leurs organismes s'excitent dans l'opulence et elles finissent par chercher l'assouvissement et la paix de la chair dans la masturbation solitaire ou à deux.

Pour cette vile passion, elles utilisent certains instruments, — vendus, entre parenthèses, à des prix fabuleux, au carat et au volume, par les eunuques fabricants et seuls dépositaires. Mais elles se lassent vite de cet excitant génital pour se jeter à corps perdu dans les mœurs lesbiennes. Folles de passion sexuelle, elles se ruent sur leurs gouvernantes esclaves et trouvent dans cet autre vice un plaisir nouveau, mais, hélas ! factice encore. Dans ce cas, ces malheureuses sultanes — car elles le sont un peu toutes — s'ingénient à élever l'irritation érotique de l'esclave au niveau de la leur ; et, pour arriver au but, elles n'hésitent guère à employer les moyens les plus affreux, car ces femmes de charge auxquelles le travail du jour ne laisse que peu de loisirs, ne sauraient pas elles-mêmes se surchauffer à ce degré l'imagination.

Parfois, celles auxquelles la promiscuité des eunuques noirs ne répugne pas, s'adonnent, par passion inassouvie, aux atroces attouchements de ces hommes. Cette légion de nymphes claustrées, douées par la nature de toutes les grâces et qui sont ainsi délaissées, sans relations, sans mariage, n'ayant personne à qui livrer leur cœur, personne pour satisfaire leurs sens, personne pour élever au moins un peu leur pensée par la science ; provoquées tous les jours par les toilettes, les bains et les propos obscènes des eunuques, ces malheureuses victimes ne savent plus rien en dehors du vice.

A chaque instant, la passion gonfle leur cœur. Elles veulent, malgré tout, le maître : mais il n'est pas là ! Elles passent des nuits l'oreille collée à la porte de leur chambre, pour saisir les pas du mâle, pour savoir s'il vient ou non. Elles meurent, elles brûlent de fièvre ; ce ne sont plus des femmes, mais des sirènes : c'est alors seulement que le Padischah les désire. Atrophiez l'es-

prit, excitez leurs passions à l'extrême et livrez-
les moi ainsi, dit-il à ses eunuques et chambellans.

Dès lors, ces femmes au teint pâli, à la face
anxieuse, craintives, pouvant à peine articuler
quelques mots, tombées dans l'imbécillité par
des pratiques honteuses sont jetées en pâture
dans le lit impérial.

Aucune indiscrétion à redouter : intoxiquées
par toutes sortes de vices, hébétées, elles se li-
vrent au Padischach, et sortent le lendemain de
ce rêve sans souvenir et sans pensée. Aux questions indiscrètes des eunuques, elles répondent
ne se souvenir de rien.

Quelque temps après, l'une d'elles va trouver
en pleurant la Frédégonde ou Validé Sultane ;
elle lui conte qu'elle sent un indice de grossesse.
On prend alors des mesures pour l'écarter des
autres, et malheur à la nation si le rejeton est un
mâle, car cela fait un tyranneau de plus qui peut
avoir des chances de monter sur le trône des Ottomans.

Doués de toutes les tares héréditaires, ces enfants dégénérés grandissent au milieu des femmes
du Harem, s'habituant dès le bas âge aux vices affreux du milieu, expectorant du sang à dix ans,
voués aux passions les plus viles, sans éducation,
sans instruction, possédant des mignons et des

femmes à quinze ans. Les passions les plus ina-
vouables, les plus abjectes se succèdent chez eux
pendant des années et, finalement, quand l'heure
de devenir Sultan a sonné, le nouveau Maître
prend le rôle de bourreau. Sus alors à la justice,
à la vérité, à la liberté.

Du sang, des têtes !..

Parfois une vision l'épouvante : il croit voir
sur la muraille, au-dessus de sa tête, la fameuse
menace : « *Mane, thecel, pharès.* » La pensée
des victimes immolées l'étrangle et, le sang aux
tempes, il fuit de chambre en chambre pour échapper à cette vision terrible.

Vite, la bouteille d'eau-de-vie ou les boulettes
de haschisch ! Les mignons, les bouffons se mo-
bilisent pour distraire et étourdir le Padischah.
On se bouscule, on se rue, on s'ingénie dans le
raffinement des déhanchements, pour le mettre
en rut et en gaieté.

Usés, irrités, déjetés, hideux à voir, les faces
blafardes, sans une apparence, sans un soupçon
de barbe ou de moustache, avachis, décrépits,
les eunuques supplient le Maître, par toutes sortes
de grimaces, de se jeter dans l'orgie.

Dans l'intervalle, parfois un ambassadeur vient
réclamer une créance. Vite, les eunuques courent
chercher le bâton de rouge ou de blanc pour co-

lorer la face cadavérique du Sultan, qui veut paraître digne et austère. Mais l'œil exercé des diplomates perce à jour cette invraisemblance, ils devinent dans ce corps maquillé la bassesse et la lâcheté et, sans crainte, dictent des lois, exigent des concessions, échafaudent la ruine du pays au vu et au su de nous tous.

Au frontispice de ce palais, ne lit-on pas, du reste, cette devise dont tout vieux Turc s'honore :

« Les biens du Padischah sont immenses comme la mer : celui qui n'en mange pas est un cochon. »

Les Écumeurs

Brutus pourrait-il trouver un imitateur dans l'entourage d'Abdul-Hamid ?

J'en doute fort, et voici mes raisons :

Le quartier général de la tyrannie en Orient est échafaudé sur le plateau d'Yildiz. Là, le Palais avec ses mille dépendances : chalets, kiosques, hammams, chambres inquisitoriales, redoutes, souterrains, cachots, etc., etc. Autour de tout cela, un parc immense où 10 000 bêtes fauves, à face humaine, armées jusqu'aux dents, sont à l'affût du gibier. Gare à l'intrus qui se hasarderait dans ce labyrinthe : souille et tue, voilà le mot d'ordre.

Enfoncez-vous un peu plus dans le bocage où, sans soucis, eux, les moineaux gazouillent : ce sont des eunuques que vous rencontrerez et une tourbe de souteneurs à matraque, les mêmes qui furent lâchés dans les faubourgs de Constantinople en 1896, au fameux assaut de la Banque Ottomane. Cela pour la première enceinte.

A quelques mètres de distance, hors du Palais dont nous venons de donner la description succincte, de petites redoutes où ministres hamidiens, conseillers, chambellans, laquais, bourreaux, provocateurs, entremetteurs, charlatans, tous policiers par principe, veillent sur Abdul-Hamid.

Une caserne entre ces deux enceintes, gîte des aides-de-camp qui font le service d'estaffettes entre le Palais et la camarilla. Voici la plus simple expression du régime tyrannique en Orient.

C'est la tête qui gangrène tout, c'est de ce sommet que partent tous les mensonges, toutes les turpitudes, toutes les ignominies. Le reste des parasites, presque tous sous-ordres, de la capitale et des provinces, ne sont que des comparses vulgaires dont on viendrait facilement à bout, le lendemain d'une victoire du droit sur le crime.

C'est donc au haut de ce plateau que se tient notre sort. C'est là et pas ailleurs que sont les vrais coupables. C'est de là-haut qu'il faut précipiter la tyrannie, si on est rationnel. C'est sur ce sommet qu'on peut décrocher la branche d'olivier, la paix et le bonheur de tous les Ottomans.

Sus donc aux misérables d'Yildiz ! au nom de la justice, par le fer même si vous voulez, pourvu qu'il soit légal, car espérer quelque chose par le moyen de la conciliation serait un leurre : on ne prend les fauves que par la force.

— Alors, me direz-vous, comment s'y prendre ?

Voici :

Que des initiatives individuelles forment de petits groupements résolus dont les membres, autant que possible, aient accès, sans appartenir à la valetaille, aux portes d'entrée du Palais : Coltouk-Kapou, etc. Libres de leurs actions, agissant crânement pour la cause nationale et non séparatiste, sans embrigadement dans des parlottes-souricières où pullulent les mouchards, les patriotes feraient faire des progrès rapides à l'idée constitutionnelle dans les masses. Nous savons du reste, par expérience, que plusieurs tentatives analogues nous réussirent sous le règne précédent. Ce sont des atouts successifs à jouer, essais de cœurs généreux seuls possibles pour sauver au moins notre honneur, car la faillite, la banqueroute est à nos trousses. Le déshonneur est grave et a laissé des traces ineffaçables sur le front de nos pères.

Quant à compter sur l'appui matériel des puissances européennes, surtout l'Autriche et la Russie, y songer seulement serait une trahison, car nous y perdrions, sinon l'indépendance, du moins des lambeaux précieux de la patrie.

Veillons au signal que nous donnera le groupement qui entreprendrait le détrônement du Sultan. Alors s'uniront autour de cette avant-garde: musulmans, chiites ou sunnites; chrétiens orthodoxes ou romains, pour pulvériser sous leurs talons le trône du crime.

Nous serons alors tous pour la nation contre les écumeurs, pour le droit contre le crime ; et, la liberté aidant, nous briserons mutuellement nos chaînes, nous déchirerons nos bâillons et nous fonderons, de la nation hétérogène d'aujourd'hui, l'unité nationale des Ottomans.

Quelques échantillons
des procédés d'Abdul-Hamid

PALAIS D'YILDIZ

I. — Les lettres ou paquets qui vous paraissent suspects, au dépouillement du courrier, doivent être saisis et envoyés sur le champ au Palais.

Ces lettres seront retournées à l'Administration si elles n'émanent pas de personnes dangereuses.

II. — Il serait utile de prendre le signalement des personnes qui, fréquemment, viennent retirer des lettres aux bureaux des Postes de Péra et de Galata.

III. — Quant à l'examen (*lisez décachetage*) concernant le service postal, la pratique en sera laissée à l'expérience et à la vigilance des mudirs (directeurs).

(1) Copie textuelle d'une circulaire concernant le service de la surveillance des lettres, imprimés, livres, introduits par les postes turques ou les paquebots dans la capitale. Ce service est fait par des agents spéciaux attachés au Palais.

IV. — Les lettres ou objets divers adressés poste restante nous paraissent suspects au premier chef, et nous croyons nécessaire de confondre, s'il y a lieu, les destinataires, s'ils sont de nos sujets.

V. — Pour ne pas trop retarder la régularité du service postal, il serait urgent et nécessaire d'envoyer au Palais les lettres suspectes par une estafette, qui les rapporterait pour l'heure de la distribution réglementaire.

VI. — Les lettres envoyées aux hauts fonctionnaires signalés par nous à votre vigilance, doivent nous être remises sans exception.

VII. — Aux débarcadères, surveiller les passagers venant de .l'étranger, pour éviter qu'ils puissent porter des lettres, paquets, volumes, etc., à quelques personnes d'esprit mal fait habitant notre capitale,

VIII. — Les marins des paquebots, voiliers ou barques de pêche étrangers qui obtiennent des permissions de débarquer, pendant le séjour de leur vaisseau, doivent être particulièrement surveillés, surtout certains, soi-disant porteurs de dépêches non réglementaires.

IX. — Éviter le cas où des gens suspects se substituent aux matelots pour prendre ou remettre des écrits, volumes ou paquets.

X. — Les Ottomans qui rentrent à la capitale dûment munis de passeports réguliers, venant de nos légations à l'étranger, doivent être retenus, pendant quelques heures, pour la vérification des signes conventionnels indiqués sur certains de ces passeports...

Cette circulaire, je crois, défie tout commentaire.

Ici se place une anecdote des plus burlesques :

Un eunuque blanc, F... agha, ayant demandé à une maison viennoise un échantillon de poudre épilatoire, il se vit arrêté, mis au secret quelques jours après. L'apothicaire viennois expédia un échantillon de son produit, mais, soit délicatesse ou négligence, ne spécifia pas le genre de sa poudre dans une notice qui, d'habitude, accompagne ces sortes d'envois.

Les agents détrousseurs du courrier, en décachetant le paquet, dont la poudre exhalait une odeur infecte, furent épouvantés et forgèrent immédiatement un rapport dans lequel le produit épilatoire fut baptisé : « Poudre en usage chez les anarchistes. » (*sic*)

L'eunuque fut mis au secret, la poudre envoyée avec mille précautions chez le chimiste impérial. Une enquête eut lieu, l'épouvante fut mise aux quatre coins du Palais ; et, quoique l'erreur fût établie, l'eunuque perdit sa considération et fut enfin exilé dans un vilayet de l'Asie-Mineure.

Le lecteur saura maintenant pourquoi Abdul-Hamid le sinistre ne cesse de demander aux Puissances le retrait des Postes étrangères, au profit de sa souricière postale.

Ces procédés infâmes sont peut-être l'œuvre des ministres ou courtisans du Sultan ? me direz-vous.

Détrompez-vous, je vous en prie : tout fonctionnaire ottoman qui a entre les mains un rouage quelconque de cette machine qu'on nomme en Europe Administration d'Etat, doit exécuter à la lettre, sans retard et servilement, l'iradé (décret) le plus abracadabrant venant du Mabéïn (palais).

Aucune réflexion, aucun avis, aucune hypothèse ne sont permis en dehors d'Abdul-Hamid et du paraphe de la prostitution féminine et masculine du Palais impérial.

Le fonctionnaire qui déroge à cette règle subit infailliblement le sort qui fut, il y a quelque temps, celui de l'infortuné Fuad pacha. Ce dernier refusa d'exécuter l'ordre donné par iradé de *« réprimer sévèrement la population arménienne de Kadi-Keuï. »*

En langage clair, chez nous, un ordre comme celui-là voulait dire, en 1896, le lendemain du coup de main de quelques Arméniens sur la Banque Ottomane :

Fais massacrer chez eux tous les Arméniens paisibles, pour châtier le crime de quelques-uns de leurs compatriotes qui m'ont échappé, par l'intervention d'un ambassadeur étranger.

Pour le crime de ne pas s'être soumis aveuglément à cet ordre infâme, le malheureux Fuad se vit enfermé dans une prison et, s'il ne fut pas assassiné, c'est que l'ambassadeur d'une puissance s'y est opposé.

On viendra, après cela, me dire que la clémence infinie du Padischach a décrété l'abolition de la peine de mort !

Est-ce qu'au moins ce lâche tyran, qui n'ose même pas affronter la vue de son peuple, s'est distingué par une institution de progrès quelconque ?..

On a prétendu — quelques panégyristes bien rares — qu'il a propagé l'instruction en créant des écoles primaires et élémentaires en masse pour l'étude des connaissances utiles. Mais ces panégyristes ou ne sont que des imposteurs, ou ils n'ont aucune notion des choses de Turquie.

Les écoles élémentaires ! les écoles primaires ! mais elles existent, et leur accès est gratuit pour tous les Ottomans depuis des siècles. C'est un verset du Koran qui l'ordonne et l'exige. Tous les Sultans se sont vus obligés d'appliquer cette prescription, sous peine de déchéance, qui, dans ce cas, est ordonnée par le Scheik-ul-Islam.

Sous le règne des Padischahs précédents, on avait le droit de discuter, d'analyser certaines questions de science, de jurisprudence et de phi_losophie ; ces questions spéciales, Abdul-Hamid les réserve et en attribue l'enseignement à une coterie de hideux moines musulmans aux mœurs dissolues.

Avant 1876, les établissements d'instruction supérieure étaient dirigés par des hommes érudits et compétents ; les livres pédagogiques n'étaient pas souillés comme ils le sont par la censure hamidienne.

Les programmes ne roulaient pas, comme aujourd'hui, sur l'extravagance lubrique d'une théologie d'imposture. Quant au trop fameux lycée prototype de Galata Séraï, où j'ai fait un stage, à ma honte, on n'y enseigne, depuis l'avènement au trône d'Hamid, que quelques notions d'histoire ignominieusement truquées, le dessin linéaire et surtout la calligraphie, — voulez-vous que je sois franc ? — et l'exaltation des mœurs sodomistes de la Grèce antique, sans toutefois souffler mot sur l'enseignement philosophique de Socrate, Platon, etc.

Tandis que, partout dans le monde civilisé, l'espoir de l'avenir se concentre sur la jeunesse des Universités où les générations nouvelles sont poussées par l'enseignement à l'éclosion d'une vocation, chez nous, dès que les jeunes quittent les bancs, humiliés et atrophiés par l'intoxication d'un enseignement pervers, ils s'échouent dans le fonctionnarisme prévaricateur.

Ceux qui, doués de quelque initiative, désireraient tenter quelque entreprise de progrès dans l'immensité du territoire ottoman, ceux-là sont vite supprimés : c'est une ombre au prestige du sultan ; ce dernier ne veut jamais accorder d'iradé, il ne veut pas qu'un Turc puisse gagner de l'influence sur un point quelconque du pays ; même la sculpture et la peinture lui portent ombrage : j'ai peur d'être caricaturé dans un chef-d'œuvre, disait-il un jour à un de ses intimes.

Cette ignorance systématique, voulue par le bon plaisir du sinistre Hamid, réduit le Turc à végéter dans une torpeur que des détracteurs attribuent à la race des Osmanlis. Cela fait, du reste, l'affaire des étrangers, lesquels, habilement secondés par les capitulations et libres d'évoluer au mieux de leurs intérêts, arrivent à se saisir de tous les débouchés fructueux de la Turquie.

Écrasés par des engagements de toutes sortes, par une dette où nos fonds nationaux font la joie de quelques parasites, nous n'arrivons pas même à une infime extinction de nos dettes les plus humiliantes.

Harcelés par les créanciers et les usuriers, nous vivons énervés, à la merci de la première bourrasque qui nous balayera de la carte de l'Europe, si cela continue ; pendant ce temps, l'immonde usurpateur engloutit pour son lupanar impérial environ deux cents millions, sans compter les dilapidations, les détournements formidables commis par ses favoris.

Eh bien, voilà un aperçu, quelques échantillons des procédés du Sultan que nous voulons détrôner et que nous aurions déjà détrôné, si certaines puissances, certains clans séparatistes ne favorisaient sous main le maintien au trône d'Abdul-Hamid.

J'ai vécu dans le milieu pourri du hamidisme, j'ai eu l'occasion de compulser des documents officiels et secrets, lesquels prouvent péremptoirement qu'une puissance, un monarque plutôt, a garanti à Hamid la sécurité de son trône et de son despotisme au détriment de la nation.

Tel est le rôle ignoble que joue le Sultan.

Livrons-nous à une révolution sérieuse à Constantinople, il en est temps encore ; balayons à coups de faulx les immondes massacreurs du Palais ; jetons au Bosphore leurs corps pourris. Donnons enfin, par l'énergie de la répression du banditisme, des garanties sérieuses au monde civilisé que nous assurerons l'honneur, la vie des Ottomans, la régularité des impôts, l'égalité de tous devant les lois, et nous nous assoirons solidement à Constantinople et dans l'Europe orientale.

Les agitateurs slaves ne trouveraient alors aucun écho dans les provinces qui s'insurgent aussi régulièrement qu'un mouvement de pendule. Le paysan macédonien repousserait à lui seul, à coups de trique, tout imposteur qui viendrait porter la perturbation dans sa commune.

Mais, avant cela, est-ce que nous pouvons blâmer qui que ce soit ? Est-ce que la Russie, instigatrice des troubles actuels, n'est pas dans son rôle à vouloir porter le coup de massue à la nation ottomane, en légitimant son intervention par les crimes des hamidiens ?

Est-ce que la Bulgarie, elle aussi, n'est pas dans son rôle d'agir de même comme la Serbie, la Grèce et la Roumanie, l'état tampon ?

Nous avons suivi jusqu'à aujourd'hui une politique enfantine ; bénévolement, nous répétons à qui veut nous entendre que nous attendons qu'on

vide le Sultan, qu'on le mette au sarcophage
impérial pour agir. Mais, ironie ! cela serait le
recommencement de la tragédie de 1876. L'héritier présomptif fera ce qu'a fait à son avènement
le Sultan actuel. Élevé au trône naturellement,
par la force de la loi d'hérédité, sans choc vio-
lent, sans la volonté directe de la nation, il accor-
dera immédiatemetn sur le papier toutes les ré-
formes possibles : il en confiera l'application aux
créatures de son prédécesseur.

Un état balkanique, dans l'intervalle, nous
demandera l'autonomie de la Macédoine et sans
doute d'autres provinces encore, ou la guerre.
Nous ramasserons le gant, nous vaincrons pro-
bablement, et ensuite les trois coups du régisseur :
la Russie rentrera en scène. Bilan : battus, rui-
nés, cession de la Macédoine, délimitation de
frontière ; adieu l'Archipel et peut-être Tcheck-
medjé comme frontière.

Voilà où nous accule une légion de brigands.
Ils s'en moquent bien. Ils savent par cœur le sort
réservé à la Turquie. Leurs capitaux sont en
sûreté. Ils ne vivent maintenant qu'avec les dilapidations journalières ; ils ont leurs valises bou-
clées et des passeports en blanc dans leur porte-
feuille. Insolents, ils nous nargueront quand,
pour la défense de la liberté, nous nous jetterons
tête baissée sur les baïonnettes slaves.

Une des plaies de la Turquie : la Macédoine

Les affiliés à l'organisation insurrectionnelle en Macédoine sont-ils dignes d'intérêt par l'inanité stupide de leurs entreprises contre l'intégrité de la Turquie ?

Pour mieux faire comprendre la question à des esprits français, je puis comparer les insurgés macédoniens aux chouans de la Vendée et de la Bretagne sous la première République. Les chouans avaient cette devise : « Pour le trône et l'autel. » Les Macédoniens ont le même principe : « La foi et le roi orthodoxe. »

Les insurgés bulgares de la Macédoine, je les ai connus à Salonique. Alors, à quatre pattes devant les vils fonctionnaires prévaricateurs, ils se prosternaient sans avoir même l'excuse de la peur. Maintenant, tout est changé. Il a suffi de la présence du général Ignatieff au col de Chipka, théâtre de la fameuse lutte pendant la guerre turco-russe en 1877-1878, pour pousser au paroxysme l'exaltation de ces fanatiques, et les prêches des popes stipendiés ont fait le reste. Ces derniers, en permanence dans les églises, enregistrent les serments des malheureux ignorants qui viennent, la main sur un bouquin crasseux, jurer d'abattre, non le Sultan, mais la Turquie : vivent la croix et le Tsar ! Quand ils prononcent cette phrase, après la signature de l'engagement dans le Comité, ils vous épouvantent de leur rictus.

Ce sont, du reste, ces sectaires que la Russie autocrate jette sur nous périodiquement. J'en ai vu, de ces soi-disant héros, devant l'icone d'une madone ignoblement défigurée par leurs ardents baisers, jurer de mourir pour la foi orthodoxe, le roi orthodoxe et la conquête du paradis orthodoxe.

Le Sultan et sa séquelle oppriment tyranniquement la Macédoine : d'accord là-dessus ; mais la Macédoine n'est pas seule à se débattre contre cet état de choses, et, lors même que l'insurrection réussirait, ce n'est pas l'assujettissement à la Russie qui améliorerait l'état lamentable des provinces turques en Europe.

Que la Russie cesse de pousser des innocents sous le couteau des bandits hamidiens ; que l'Allemagne brise ce honteux pacte conclu avec Hamid, le massacreur ; que la France et l'Angleterre veuillent bien nous garantir, au nom de l'humanité, un appui purement moral contre l'immixtion de la Russie dans nos affaires locales ; que l'empereur d'Autriche, lui si éprouvé, ait pitié de notre sort en rompant avec la politique d'appui qu'il a toujours donnée au Sultan ; et, quand ce dernier sera isolé, face à face avec la nation ottomane, nous agirons les coudées franches et nous fonderons une assemblée nationale qui légifèrera sur les questions pendantes avec un souci de justice égale pour tous.

Quant à la magistrature suprême, qui est aux mains des prêtres musulmans et qui est incompatible avec les intérêts des autres religions, elle sera abolie. On appliquera un droit civil comme cela se fait dans les pays civilisés ; le droit divin actuel, nous voulons qu'il ne quitte ni la mosquée, ni l'église, sous peine de châtiments sévères ; cela ne nous empêchera pas de respecter toutes les croyances, sans préférence ni indulgence.

Nous maintiendrons la loi koranique comme une légende et dans sa mosquée, le droit divin dans son église et, au-dessus de tout cela, la volonté du peuple comme droit absolu.

Nous devons saper de fond en comble cet élément théocrate auquel, dans la précédente révo-

2.

lution, nous ménageâmes une soupape de sûreté :
les confréries perturbatrices.

Ces imposteurs lubriques qui, sous prétexte de
foi, de loi, nous abaissent et nous humilient à un
point où, dans certaines provinces et même dans
la capitale, les populations fanatisées par ces misérables envoient leurs enfants vénérer, oui,
vénérer ! la partie qu'on ne nomme pas de ces
immondes hallucinés ! C'est avec ces individus
que le Sultan a formé ce qu'on appelle couram-
ment le parti vieux turc.

Cet ennemi intérieur qu'il faut mater pour pouvoir transformer la Turquie, est aussi redoutable
que celui qui réside au delà de nos frontières.

Opinion de la Presse française au sujet de mes révélations sur la Turquie

Dans le but d'éclairer l'opinion publique française sur l'état véritable de mon malheureux pays, j'ai publié dernièrement dans *Le Rappel* et le *XIXᵉ Siècle*, une série d'articles intitulés : *Le Crime et le Droit*. Ce travail a créé un petit mouvement d'opinion en faveur des Ottomans. Il m'a encouragé à continuer plus ardemment la lutte. Alors, nous allons batailler encore par le journal et la brochure. Nous voulons que l'on puisse voir plus clair sur la situation des Turcs qu'avec les quinquets fumeux des nouvelles communiquées par l'ambassade hamidienne à Paris.

Ici, je soumets quelques-uns des extraits les plus saillants de mon travail, avec les commentaires qui les accompagnent.

Commençons par *Le Français* du 31 août 1903 :

Leçon de Journalisme

Le Rappel vient de publier un document qui jette un jour agréable sur les relations de la presse avec le gouvernement... en Turquie. Il est impossible, après l'avoir lu, de ne pas comprendre pourquoi l'Europe ignore le plus souvent ce qui se passe dans l'immense empire du Commandeur des croyants, et comment il se fait qu'à l'heure actuelle encore nous ignorons une bonne moitié des faits qui se produisent en Macédoine, en Arménie et en Arabie.

Voici les instructions impératives données par la Sublime Porte à nos infortunés... ou trop fortunés confrères des rives du Bosphore :

SECRÉTARIAT GÉNÉRAL
(Palais de Yildiz)

—

I. — Donner de préférence des nouvelles de la santé précieuse du souverain, de l'état des récoltes, des progrès du commerce et de l'industrie en Turquie.

II. — Ne publier aucun feuilleton qui n'ait été approuvé, au point de vue de la moralité, par Son Excellence le Ministre de l'Instruction publique et gardien des bonnes mœurs.

III. — Ne pas produire des articles littéraires ou scientifiques trop longs pour ne pouvoir passer dans un seul numéro. Eviter ces mots : « A suivre », ou « La suite à demain. »

IV. — Éviter soigneusement les blancs et les lignes de points dans un article, parce que ces procédés autorisent des suppositions fâcheuses et troublent la tranquillité des esprits.

V. — Éviter avec le plus grand soin toutes personnalités, et si l'on vient vous dire que tel gouverneur ou sous-gouverneur a été convaincu de vol, concussion, assassinat ou autre acte blâmable, tenir le fait pour non prouvé et le cacher soigneusement.

VI. — Défense absolue de reproduire des pétitions de particuliers et des communautés de province se plaignant des abus de l'autorité et les signalant au souverain.

VII. — Toute mention de noms historiques et géographiques, y compris la dénomination « Arménie », est défendue.

VIII. — Il vous est interdit de signaler les tentatives d'assassinat contre les souverains étrangers, sous quelque forme qu'elles se soient produites, ou les manifestations séditieuses qui ont pu avoir lieu dans les pays étrangers ; car il n'est pas bon que ces choses-là soient connues de nos loyales et paisibles populations.

IX. — Il vous est défendu de mentionner ce nouveau règlement dans les colonnes de votre journal, parce qu'il pourrait provoquer des critiques ou des observations déplacées de la part de quelques esprits mal faits.

J'ignore comment, à la suite de ce décret, les feuilles constantinopolitaines s'y sont prises pour raconter congrûment l'assassinat récent d'Alexandre de Serbie et de sa femme Draga. L'article 8 ci-dessus a dû les obliger à inventer quelque maladie extraordinaire pour expliquer la fin soudaine du roi, de la reine, de leurs beaux-frères et frères, et d'un certain nombre de ministres. A moins d'inventer un empoisonnement général par les champignons, le problème était insoluble.

Plus facile a été la solution de la difficulté posée par l'assassinat du chah de Perse Nasr ed Dine, il y a quelques années. Les journaux turcs imprimèrent ceci :

« *Le chah se sentit indisposé* au cours de l'après-midi. *Il mourut*, et son corps fut transporté à Téhéran. »

Doux pays !

CH. LAURENT.

L'Éclaireur de l'Est du 2 septembre 1903 reproduit le même document en le faisant précéder des lignes suivantes :

« Le sultan rouge s'intéresse à la presse de son royaume. Il a fabriqué à son usage un certain décret qui doit singulièrement faciliter la tâche des reporters de là-bas. »

Et en terminant par cette réflexion philosophique :

« Le métier de reporter doit être charmant en
Turquie. »

Le même article a été reproduit par *la France*,
de Bordeaux, du 9 septembre.

Voici maintenant les commentaires du *Progrès
du Nord*, de Lille, du 7 septembre 1903 :

« Pendant que la Macédoine, la Bulgarie et la
Turquie sont aux prises, il est à remarquer que
les renseignements, en arrivant en France, sont
presque aussi contradictoires que ceux qui nous
parvenaient pendant la guerre du Transvaal.

Cela provient surtout de la censure turque qui
ne laisse passer que ce qu'elle veut bien.

Du reste, cette censure est tout à fait originale.

Nous l'avons vue s'exercer, il y a plusieurs
années, chez un de nos confrères des rives du
Bosphore qui publiait un tri-hebdomadaire portant pour titre : *Stamboul*.

Le journal devait paraître à 5 heures du soir.

Dès deux heures de l'après-midi, un fonctionnaire d'Yildiz-Kiosk s'installait à l'imprimerie,
lisait toutes les épreuves, jugeait tous les articles

et, selon qu'il leur prêtait un sens agréable au Sultan ou une intention perfide, il laissait passer en entier ou fractionnellement ou supprimait tout d'un coup de crayon rouge.

Il y avait parfois des semaines où le *Stamboul* paraissait avec 36 heures de retard. Ce régime n'était pas spécial à ce journal.

Tous les journaux de Turquie sont soumis au même contrôle, à la même surveillance, à la même exigence.

Le Rappel publiait à ce sujet, ces jours-ci, les indications émanant de la Sublime Porte et données par écrit à tous les directeurs de journaux. »

Et, après avoir cité les instructions déjà données relatives à la presse, le journal ajoute :

« On voit que cette belle canaille d'Abdul-Hamid sait se servir de la Presse.

Tous les journaux de Turquie doivent être rédigés à son usage personnel, sans quoi, après trois réprimandes, suppression pure et simple de la gazette réfractaire.

Cette façon de comprendre l'utilité des journaux ne manque pas d'originalité.

Ajoutons que le Sultan, qui ne peut exercer son droit de censure sur les grands journaux publiés à l'étranger, a trouvé un moyen terme pour leur faire, quand même, chanter ses louanges.

Il les subventionne.

Et c'est à cela et au paiement du service d'espionnage que passent les sommes recueillies par droit d'impôt sur les poches du peuple turc.

Doux pays ! délicieux monarque !

E. LAGRILLIÈRE-BEAUCLERC. »

***

La Petite Tunisie, (Tunis), du 19 septembre 1903, a publié l'important extrait qui suit :

Les mœurs d'un Sultan

Le Rappel publie, sur le Sultan de Constantinople, une série d'articles dus à la plume d'un jeune turc, M. Joseph Fehmi. Nous en extrayons le passage suivant, relatif aux mœurs d'Abdul-Hamid :

Hamid est possédé d'un goût effréné pour les femmes ; on sait qu'il a un harem, mais on connaît imparfaitement ce lieu d'obscénité.

Les Circassiennes et les Géorgiennes dont la beauté est captivante, sont signalées par les rabatteurs aux courtisans. Sitôt prévenus, ces derniers se mettent à la recherche d'un expédient

pour ravir ces malheureuses qui n'ont générale-
ment que 15 à 16 ans. La besogne de ces souteneurs officiels est d'autant plus facile que leurs
actes sont couverts de l'immunité légale de leurs
exploits largement rétribués.

Ces jeunes filles amenées au palais sont écrouées
au harem, dont la direction générale appartient
à la mère du Sultan. Elles prennent le nom d'odalisques et, parquées dans de jolis appartements
luxueux, elles deviennent la proie des eunuques
et du contingent des femmes délaissées chargés
de leur éducation toute spéciale.

Petit à petit, l'oisiveté, la promiscuité, l'opium,
les passions les dressent aux orgies, et ainsi de-
viennent-elles un fléau pour le pays en même
temps qu'une protection pour leurs amants ou
parents.

Elles ne vivent plus que dans l'angoisse et
l'anxiété ; elles guettent les visites du maître, les
provoquent en lui envoyant des photographies
où elles s'ingénient à donner à leur pose toute la
lascivité orientale.

A son passage dans l'immense palais, elles se
mettent au balcon de leurs appartements, une
fleur à l'oreille, la cigarette aux lèvres, dans un
habillement de soie des plus coquets, souriant
d'une façon significative, afin d'attirer l'attention

, du Padischah. Quand son choix est fixé, alors la bacchanale commence.

Orgies et bacchanales

Des musiciens s'installent derrière des paravents; mignons, favorites, eunuques, cherchent à dérider le front soucieux de ce Caïn en l'entraînant dans la débauche la plus ignoble. Souvent, dans l'intervalle et au milieu des bouffons et des eunuques, le Grand Vizir, premier ministre, vient au palais, demander des ordres ou des décisions urgentes du Sultan, que lui transmet le chambellan, Hadji Ali. Le grand ministre, que ce soit Saïd ou Férid, n'est plus que le premier laquais des bureaux du Harem. Il s'assure ainsi le meilleur moyen de conserver à jamais, pleines et entières, les bonnes grâces du maître, si quelque hasard impérieux forçait un jour le Sultan à lui reprendre le sceau de l'Empire, dont il a la garde mais non l'usage.

Les odalisques, pendant l'éclat de leur beauté, sont libres de demander tout au maître. Les plus positives demandent des bijoux, des diamants, des fortunes, des situations pour les leurs : soit au Conseil d'Etat, soit dans la camarilla, aux ministères, aux ambassadés, dans l'armée; d'autres demandent l'autorisation de se marier à un ministre présent, futur ou passé.

Quand une favorite a perdu son éclat, elle est invitée par la Validé (mère du Sultan) à faire un choix dans la coterie hamidienne.

Naturellement, l'auguste matrone insiste pour son favori.

L'odalisque, pour complaire et afin d'acquérir une liberté relative, consent à épouser le préféré de la maman. Le héros sur qui elle a jeté son dévolu trouve dans la corbeille de mariage une bourse bien garnie et un décret de nomination à un poste lucratif.

Si la favorite est intrigante, au bout de six mois de mariage, son époux *ad hoc* est ministre ou ambassadeur.

La Vie au Harem

Les favorites, durant leur séjour au harem, ne savent comment égayer la monotonie de cette séquestration à laquelle elles sont assujetties.

Désœuvrées, abéties, elles jettent à poignées les millions que notre malheureuse nation a toutes les peines possibles à parfaire, en se saignant aux quatre membres.

Etendues sur des sofas moëlleux, chaussées de babouches dans lesquelles les pieds sont nus, vêtues d'un pantalon de soie tenu à la taille par une riche ceinture, un boléro parsemé d'or, les cheveux jetés sur les épaules, sur la tête une petite calotte incrustée de pierreries, elles passent des journées entières à fumer l'opium.

L'administration du harem est confiée au chef des eunuques, autrement dit le gardien de la porte des félicités. C'est lui qui, sur le certificat des matrones chargées de visiter les odalisques, répond sur sa tête qu'elles sont vierges.

Lorsque le Sultan rend visite à une favorite, celle-ci se fait inscrire sur un registre spécial, avec l'indication du jour solennel et la durée de l'hymen impérial. Neuf mois après, s'il y a progéniture, elle est attribuée au Padischah. Si la favorite n'est pas inscrite, immédiatement elle sera condamnée au dernier supplice.

Celles qui ont des enfants mâles attribués au Sultan, sont choyées, gâtées, et espèrent voir leurs fils au trône. Quant aux femmes mères de filles, elles passent dans le bataillon des femmes déchues et sont même indignes de reposer après leur mort dans les sarcophages impériaux. On les enterre derrière un jardin, dans un enclos qui rappelle le Champ des Navets.

Il y a quelque temps, une odalisque, albanaise d'origine, fut déclarée enceinte par la racaille des accoucheuses du palais. Dans pareil cas, on consulte la fameuse liste dont j'ai parlé plus haut, afin de coordonner les dates : visite et terme. Mais, malgré toutes les recherches, on ne trouva aucune inscription concernant la favorite.

Traduite pour ce fait devant la Cour de justice du harem, elle fut mise à mort, et son corps jeté aux bêtes de la ménagerie impériale.

La Race des Eunuques

Mais ce n'est pas tout, il y a des faits plus monstrueux encore : le système de recrutement des hommes. Des recruteurs vont en province et amènent au Sultan des jeunes gens, qu'ils captivent par des promesses alléchantes ; on leur assure qu'en arrivant ils n'auront à s'occuper de rien. Enfin, un véritable Éden leur est promis. Amenés au palais, ils sont immédiatement soumis à la fameuse opération, souvent mortelle, pour ménager plus d'objets de plaisir au maître et surveiller ses femmes.

Certains de ces eunuques sont habillés en costume de femme. On peut même voir la consécration de pareilles mœurs dans certaines confréries — sous l'égide du Sultan — et leur exhibition dans un musée de Constantinople.

Ce palais infâme est un défi à la civilisation : c'est le triomphe de l'assassinat, du vol et de l'impudicité. Elevé sur le haut d'une colline, absolument isolé, gardé par une légion d'eunuques,

il jouit de l'impunité en jetant en pâture aux ai-
grefins les ressources immenses du pays.

. .

Les mêmes citations sont reproduites par *Le
Courrier de l'Ain*, qui les fait précéder de cette
réflexion :

« Nous trouvons dans *Le Rappel* un impres-
sionnant article d'un Turc, Joseph Fehmi, sur le
sérail d'Abdul-Hamid. Il est triste de penser que
de telles turpitudes puissent, au XXme siècle, se
passer en Europe !

« Nos lecteurs nous sauront gré de mettre sous
leurs yeux les principaux passages de cet article. »

Appréciations de la presse
sur les
" Tablettes révolutionnaires d'un Jeune Turc "

(1 broch. in-18, A. Michalon, éditeur. 1 fr. 50)

L'Européen, courrier international hebdomadaire, a publié, le 17 octobre, le long article ci-dessous :

Les Jeunes Turcs

Un jeune Turc, réfugié à Paris, vient de publier sous le titre : *Les Tablettes révolutionnaires d'un Jeune Turc*, une mince brochure à couverture rouge, ornée d'un dessin sinistre, représentant un Circassien pendu au bout d'une corde ; cette « brochure de combat », est dédiée « à la mémoire du tribun Ali-Suavi, à l'illustre publiciste qui se fit massacrer pour délivrer le plus grand des martyrs du siècle, Mourad V »; elle est signée J. Fehmi. L'auteur est le fils de S. E. Fehmi bey, ex-secrétaire général des vilayets de Salonique, Smyrne, Rhodes, Adana, etc. Ses « tablettes » sont révolutionnaires, à la manière de la Jeune Turquie, laquelle est assez puérile et même amusante. Et l'on voit clairement, à les parcourir, que, pour être Jeune Turc, on n'en est pas moins Turc (1).

§

Les faits racontés par J. Fehmi sont bien connus et n'apprennent rien sur la barbarie du régime hamidien : les juges vendent la justice, les faux témoins sont légions et forment une corporation, l'espionnage sévit au point que le fils doit se défier du père, les congrégations musulmanes jouissent de privilèges inouïs, et les fonctionnaires, du plus petit au plus grand, « mangent », selon l'expression consacrée, au détriment du contribuable ; aucune sécurité, au-

(1) Dans le chapitre qui va suivre, je réponds à l'accusation de « puérilité » que M. Maurice Kahn porte contre le parti Jeune-Turc, en énumérant les actes accomplis récemment par quelques-uns de ses membres.

Quant à dire que nous n'en restons pas moins Turcs, s'il entend par là que nous restons dévoués à notre pays, malgré les vices de son organisation intérieure, certes, oui, car nous sommes des patriotes avant tout, quoique exilés. — Vos héros de la Révolution ont fait école, même en Turquie, soyez-en sûr. — Mais, s'il veut insinuer que nous restons des fanatiques en matière de mœurs et de religion, il se trompe, et ce n'est pas en vain que nous nous sommes frottés à la civilisation parisienne ; c'est peut-être même pour cela que nous manquons un peu de cette énergie farouche, qui fait dire à M. Kahn que nos actes sont puérils. Nous répugnons, en effet, aux moyens sanguinaires, et nous ne demandons qu'à accéder progressivement au régime du Droit et de la Liberté. Mais pour vaincre la tyrannie, faudra-t-il peut-être, à l'exemple de la France en 1793, jeter en défi, aux Vieux Turcs, les têtes du sultan et de sa séquelle !   3.

cune liberté : le bon plaisir d'un tyran supersti-
tieux et tremblant, que la peur rend sanguinaire ;
la prison pour un geste, la mort ponr une pa-
role, la ruine pour un soupçon : telle vit la
Turquie sous le gouvernement d'Abdul-Hamid.

A pareil état de choses, le réformisme est un
remède illusoire, et les Jeunes Turcs n'attendent
leur délivrance que d'une révolution qui, renver-
sant Abdul-Hamid, mettrait sur le trône des
Osmanlis un souverain sage, généreux, bienfai-
sant et constitutionnel. — La Turquie, affirment-
ils, est mûre pour la constitution. Pourquoi,
d'ailleurs, en serait-il autrement ? Pourquoi la
Turquie serait-elle indigne du système libéral ?
La Constitution que nous réclamons n'est pas
seulement possible : elle existe ; elle a été conçue
par Midhat pacha et promulguée en 1876 par
Abdul-Hamid II lui-même... Elle fut abrogée
en 1877. Elle n'est pas assez libérale ; et nous
rêvons mieux ; nous nous contenterions cependant qu'on la rétablît et qu'on la respectât. Mais
Abdul-Hamid n'y consentira jamais. Donc, la
suppression du tyran, la suppression de toute la
séquelle hamidienne s'imposent ; ensuite, nous
proclamerons un gouvernement constitutionnel,
avec le suffrage universel et des garanties sérieuses
contre la violation de la constitution future.

Le programme inscrit par J. Fehmi, à la dernière page de sa brochure, prévoit la création d'un Comité de Salut public, dont les membres, élus par les chefs du mouvement, ne pourront être qu'Ottomans ; le Comité de Salut public mettra hors la loi le Sultan et l'héritier présomptif, le Cheik-ul-Islam et les « cannibales hamidiens »; il délivrera Mourad et tous les condamnés politiques « sans distinction de race ni de religion »; il dissoudra quelques confréries religieuses musulmanes ; il fera appel à tous les Ottomans majeurs pour la nomination d'une assemblée chargée d'élaborer une constitution. Après quoi le Comité de Salut public sera remplacé par un tribunal révolutionnaire provisoire dont les membres seront pris par roulement dans l'Assemblée, et qui aura mission d'installer le gouvernement définitif.

Et voilà comme on fait une révolution « au cri de Liberté et Justice égales pour tous les Ottomans ».

§

Après avoir lu la brochure de J. Fehmi, on est porté naturellement â se demander pourquoi, du moment que la « révolution » est si facile, elle n'a pas encore été accomplie, — que dis-je ? pas même tentée. L'auteur a prévu la question. Et il y répond par avance.

Les conséquences effraient. Les « patriotes convaincus qui ont fait depuis longtemps le sacrifice de leur vie » ne manqueraient pas. Mais à quoi bon ? L'exécution du Sultan et de ses favoris entraînerait un véritable « carnage suivi d'un désastre national », tant sont nombreux et forts les fonctionnaires qui vivent du régime actuel ! « Un régicide… ne pourrait efficacement profiter à notre cause ». Il faut « un châtiment exemplaire, mais donné par la sanction nationale ou bien par la révolte, non d'un groupe militaire ni d'un clan séparatiste, mais de la masse de la nation ».

Or, la masse de la nation, évidemment, n'est pas prête. J. Fehmi estime cependant que le meurtre du roi Alexandre de Serbie et de la reine Draga a plus fait pour son parti que « dix années de propagande active, des milliers de révolutionnaires sacrifiés… »

L'agitation macédonienne, au contraire, retarde, selon lui, l'émancipation ottomane. Elle a, comme le mouvement arménien, un caractère séparatiste et religieux qui oblige les révolutionnaires turcs à prendre le parti de la Turquie menacée. « Si tous, sans distinction de races ni de religions, nous nous tendions la main pour avoir raison de cette Bastille moderne qu'est le palais de Yildiz, alors nous fonderions sur l'ordre et la loi, sur le respect des droits de l'homme, une Turquie libre et libérale. »

Certains Jeunes Turcs, que j'ai rencontrés en Grèce et en Turquie, m'ont expliqué à leur façon pourquoi la « révolution », qu'ils prétendaient facile, ne se faisait pas, et ne pouvait pas se faire : « Nous craignons, me disaient-ils, que la Russie ne profite d'une révolution intérieure pour intervenir dans nos affaires et confisquer le mouvement à son profit. Nous n'agirons que le jour où nous aurons trouvé un appui sûr contre cette intervention. »

Voilà une condition qui semble promettre au Sultan de longs jours paisibles. La faiblesse du parti Jeune Turc serait une autre garantie pour le craintif souverain, si son caractère n'inclinait à l'exagération des dangers qu'il croit courir.

§

Le parti Jeune Turc, en effet, n'apparaît pas comme bien redoutable.

— C'est, disent les Jeunes Turcs, qu'il n'apparaît pas du tout. Les révolutionnaires, traqués, surveillés, espionnés, se cachent. Et ils se méfient les uns des autres. Les agents provocateurs, les contre-espions sont à l'affût : malheur à qui montre le bout de l'oreille. En réalité, le nombre des Jeunes-Turcs est considérable. Il y en a dans toutes les officines et jusque sur les marches du trône impérial, Tel gros fonctionnaire, qui jouit de la faveur du maître est avec nous, sera avec nous demain.

Il y a du vrai : on trouve des Jeunes Turcs où on ne s'attendrait guère à en rencontrer ; et, d'une manière générale, on peut reconnaître qu'ils sont trop pourchassés et trop cruellement traités pour s'exposer. Mais qu'ils soient très nombreux, voilà qui est douteux, au dire même de quelques-uns d'entre eux ; et que leur parti constitue une force, voilà qui certainement n'est pas, de l'aveu de presque tous ceux que j'ai vus.

Cela se conçoit : les chefs sont exilés, et de Bruxelles, de Paris, de Londres, entretiennent péniblement une agitation stérile ; parmi leurs partisans, les uns, découverts, ont été emprisonnés ou exilés, les autres, encore inconnus, sont tenus à mille précautions. Les réunions, même privées, sont impossibles ; les conversations, à la merci d'un passant ; les correspondances, combien imprudentes. Et il va sans dire que la presse n'existe pas.

Pour qu'un parti révolutionnaire se développe, il faut tout au moins qu'un commencement de liberté se soit fait jour. En Turquie, un parti de conspiration est seul possible : et le parti Jeune

Turc n'est pas autre chose. Seulement, étant donné les rigueurs et aussi les avantages du régime hamidien, on ne conspire pas volontiers, ni d'une manière continue.

Enfin, fussent-ils plus à leur aise, les Jeunes Turcs conserveraient toujours un germe de faiblesse : ils sont Turcs, ils restent Turcs, et sous les parures occidentales que leur esprit affiche, la guenille turque subsiste. Ils ont fait des études en Europe ; ils ont fréquenté le quartier latin ; ils ont un vernis de civilisation, et les idées humanitaires ne leur sont pas inconnues ; le positivisme a exercé parmi eux une grande influence, non par ce qu'il contient d'éléments scientifiques et réels, mais au contraire par ses tendances idéalistes et religieuses : leurs esprits n'ont acquis aucune précision, mais les mots de progrès, d'Humanité, de Justice, sont sans cesse dans leur bouche. Poussez-les sur les questions brûlantes : vous les trouverez Turcs et quelquefois Vieux Turcs. J'ai entendu des Jeunes Turcs déplorer que le gouvernement ottoman se montrât trop indulgent pour les Bulgares de Macédoine. Et M. Georges Gaulis ne nous citait-il pas il y a deux ans, dans un curieux article de la *Revue Bleue*, cette réponse typique de je ne sais plus quel Jeune Turc à un Arménien qui lui demandait si, après la « Révolution », chrétiens et musulmans jouiraient des mêmes droits :

— Hé ! bien ! non ! dit-il ; pas vous, car vous ne demandez l'égalité que pour devenir nos maîtres !

Les Jeunes Turcs n'en soutiennent pas moins que le prétendu fanatisme musulman est une légende, et qu'on lui attribue indûment les crimes d'un homme. Aussi, quand M. J. Fehmi écrit joliment : « N'initions à nos projets ni le pope ni le mollah ; laissons l'un dans son église et l'autre en sa mosquée », je lui demanderai, comme l'Arménien : « En théorie, fort bien, mais en pratique ? »

§

Que le Sultan s'inquiète des menaces « révolutionnaires » — et plus violentes que sérieuses — lancées contre sa personne, cela, assurément, n'est pas pour surprendre. Mais il doit songer parfois, avec satisfaction, que l'Islam est solide, puisque le parti Jeune Turc, — le plus libéral de son empire, — est, à y bien regarder, un des plus résolus soutiens de l'Etat musulman.

Maurice KAHN.

Voici ce que dit le *Journal de Genève* du 21 octobre 1903 :

L'auteur de ces pages, fils d'un bey, ex-secrétaire général de divers vilayets, nous fait assister aux spectacles affreux qui caractérisent le règne d'Abdul-Hamid : sinistres opérations de tribunaux turcs, une mystification de la justice ; réapparition de nouveaux janissaires dans les congrégations musulmanes ; ombres faméliques des parias de la misère ; scènes de relégation, supplice de Mourad V, enfermé par son frère le sultan et brutalisé *in carcero durissimo*, et qui, à 63 ans, compte 40 ans de bagne, etc, etc. Les Jeunes Turcs ne sont pas des anarchistes, ce sont des révolutionnaires qui voudraient bien n'être que des évolutionnistes, si la chose était possible. Intéressant, instructif, pour qui a les nerfs solides, ce petit exposé aide aussi à voir un peu clair dans l'imbroglio macédonien.

Tyrannie monacale
L'assassinat du schah Nasr-ed-Dine

Depuis l'empoisonnement à la tasse de café traditionnelle de Sureya Pacha, le Sultan a tout à fait cédé la direction des dessous de sa politique à des fanatiques religieux. Ces individus ont, aujourd'hui, la prétention de sauver Abdul-Hamid par le fanatisme qu'ils cherchent en vain à réveiller dans le peuple musulman de la capitale, des provinces, et même de l'Algérie, de la Tunisie et du Maroc. Les délégués de confréries de ces contrées viennent à Constantinople pour renforcer la garde intime d'Abdul-Hamid.

Ce procédé a réussi aux menées du Sultan, car ces délégués, tous dévoués au faux Calife, s'acharnent par tous les moyens à briser les mouvements révolutionnaires de quelques groupements résolus à détrôner par la force le Sultan.

Toutes les tentatives révolutionnaires de ces derniers temps ont échoué par l'astuce du fanatique entourage d'Hamid.

Voici, du reste, quelques coups de main récents, dans l'intervalle des deux dernières années, qui coûtèrent inutilement la vie à nos camarades convaincus, agissant indépendamment, pour la liberté.

Un officier fut tué à coups de hache par un religieux transformé en garde secret, pour avoir tenté de poignarder Abdul-Hamid à la sortie d'une représentation au théâtre d'Yildiz.

Une femme du harem mourut sous les verges pour avoir essayé d'étrangler Hamid dans le lit impérial ; malheureusement les fines mains de cette Armide furent impuissantes à former un solide étau. Elle aurait certainement délivré la Turquie si elle avait pu dissimuler une arme sous des vêtements. Mais elles sont obligées de se présenter dans la chambre à coucher d'Abdul-Hamid en costume d'Eve, un manteau de soie jeté seulement sur les épaules, et même les eunuques fouillent ces malheureuses dans les orifices du corps pour qu'elles ne puissent dissimuler quelque poison.

Une vingtaine de Turcs révolutionnaires convaincus, en juin 1903, se ruèrent sur un kiosque, dans le parc d'Yildiz, pour abattre l'hydre impériale. Ils bondirent dans l'intérieur de la villa, mais, hélas ! trop tard. L'alarme avait été donnée par l'un d'eux, qui jouait le rôle de révolutionnaire et qui même paraissait, la veille, le plus acharné pour l'exécution du coup de main. Cet individu n'était autre qu'un religieux fanatique de la Tripolitaine, délégué d'une confrérie de Sénoussis.

On était décidé à s'emparer d'Abdul-Hamid, à l'incarcérer et à faire appel au peuple pour le remplacer par son frère cadet. Cette malheureuse tentative nous coûta le plus pur de notre sang : trois cents révolutionnaires périrent sous le couteau des fanatiques du Palais.

Tout dernièrement, une délégation d'étudiants parmi lesquels se trouvait encore un provocateur religieux, tombait sous les baïonnettes des gardes tufekdjis pour avoir tenté de porter une protestation au tyran.

Je crois que, dans un pays où la terreur autocrate règne du haut en bas de l'échelle, ces quelques coups de main prouvent assez que le parti révolutionnaire est en voie de progrès, quoi qu'en disent les sceptiques.

J'ai connu, pendant mon exil à Bagdad, un de ces moines fanatiques qui avait tenu, un moment, le haut du pavé au Palais. Il avait la douce fonction de procurer des mignons à Hamid et, dans ses loisirs, il était tourmenteur des prévenus politiques turcs. Mon individu s'appelle, s'il n'est pas crevé encore, Hadji Noussret pacha, exilé à

Bagdad pour vice honteux.— Il avait été surpris
un beau jour, dans les sentiers du parc, avec un
mignon impérial. Malgré cela il touchait encore
à Bagdad cent mille francs d'appointements par
an. — Voici comment ce satyre narrait, entouré
de ses ruffians, les raffinements des tortures
qu'il infligeait aux révoltés :

« Lorsqu'on m'amenait, disait-il, un coupable
politique, je le faisais déshabiller par quelques
mollahs et successivement je le faisais souiller,
sous mes yeux, par une vingtaine de gardes
albanais. Lorsque mon homme était suffisamment
humilié, je donnais ordre qu'on l'étranglât devant moi. Pour cette besogne, j'avais quelques
lecteurs de la confrérie des Kadiris qui, doués
de solides muscles, enfonçaient leurs doigts dans
le cou du condamné, et la mort était tellement
prompte, que supplicié et bourreau tombaient
sur le parquet, la masse de l'un entraînant le
poids de l'autre dans la dernière lutte de
l'agonie. »

Ce misérable vieillard a tenté un jour d'étrangler le vice-gouverneur civil de Bagdad, sous
prétexte que ce dernier ne prenait guère les sept
ablutions ordonnées par le Koran. Ce n'est
qu'avec beaucoup de peine qu'on parvint à lui
arracher des mains le malheureux fonctionnaire.

Voilà les Turcs dangereux et qui resteront toujours Vieux Turcs ; mais c'est une erreur de croire qu'ils puissent être la majorité dans le pays.

Le gouvernement persan seul est réellement au courant de ces intrigues religieuses du Palais d'Yildiz et connaît à merveille le pouvoir des délégués de confréries. Le hasard fortuit mais tragique qui fit connaître au schah actuel la puissance des moines hamidiens a fait naître en lui une haine toute légitime contre Abdul-Hamid qui couve depuis l'assassinat de son père, le schah Nasr-ed-Dine ; le fait vaut la peine d'être conté, malgré une brochure faite à l'époque par C. à ce sujet. Mais M. Munir et son alter ego, M. V. Chenel, se sont tant démenés qu'ils finirent, malheureusement pour l'opinion publique, par acheter auteur et brochure (1)

Abdul-Hamid fut *l'instigateur de l'assassinat* du schah Nasr-ed-Dine. Voici comment :

Le Sultan, à seule fin de consolider son trône, chercha à faire sur son nom l'union des deux principales fractions de l'islamisme, chiites et sunites. Dans ce but, il trouva un scheik (moine),

(1) Voir sur cette négociation, *Le Crime et le Droit*, série d'articles parus en septembre et octobre 1903, dans *le Rappel* et *le XIXe Siècle*.

fin diplomate et casuiste accompli, qui lui promit le concours des notabilités persanes pour détrôner Nasr-ed-Dine, seul obstacle, prétendait-
on, à la fusion des chiites et des sunites, et
qu'une fois le schah disparu, l'union spirituelle
se ferait facilement.

Le scheik complice d'Abdul-Hamid était le
fameux Djemalledin, se disant libéral, mais plutôt fanatique intermittent et ambitieux. Ce per-
sonnage s'entendit, après maintes luttes des riva-
lités religieuses du Palais, avec le Sultan pour
soulever les ulémas de Perse. La combinaison
Djemalledin réussissait et allait porter ses fruits.
Partout, sur le territoire persan, un vent de révolte soufflait dont le schah ne pouvait comprendre ni les causes ni l'origine. Mais la riva-
lité des délégués de confréries du Palais s'accen-
tuait de plus en plus ; des moines, jaloux du
prestige de Djemalledin, finirent par trahir l'in-
trigue, la dénoncèrent à l'ambassadeur de Perse
à Constantinople et lui remirent même des documents concernant l'organisation du complot des
notabilités persanes avec Djemalledin, entre
autres un document prouvant manifestement que
le Sultan dirigeait le complot qui avait pour but
l'assassinat de Nasr-ed-Dine. Abdul-Hamid, se
voyant pris dans le filet, s'arrangea pour élimi-

ner, autant que possible, son nom du complot et accorda même immédiatement, comme compensation au gouvernement persan, l'extradition de quelques Persans dangereux pour le Schah et qui étaient depuis très longtemps réfugiés à Beyrouth et à Constantinople.

Djemalledin, très compromis, battit en retraite pour quelque temps et lorsque l'affaire paraissait classée, il se remit de nouveau à l'œuvre avec plus d'ardeur que jamais, mais en évitant de se rendre au Palais, pour ne pas éveiller la jalousie de ses collègues ; il s'entretenait avec le Sultan par l'intermédiaire d'un messager.

Voyant qu'une insurrection, pour renverser le Schah, était presque impossible à Téhéran, il entreprit de le faire assassiner, et, pour ce faire, il dépêcha clandestinement un réfugié persan qui, condamné plusieurs fois par son gouvernement, avait trouvé asile à Constantinople.

Cet individu, fanatique invétéré, très audacieux, puis excité par l'éloquence entraînante de Djemalledin, partit pour Téhéran avec l'idée préconçue d'assassiner le Schah. Djemalledin comptait tellement sur la réussite de son projet, qu'il demanda au Sultan, pour plus de sûreté, la permission de se réfugier à Londres.

Mais il connaissait peu son complice impérial,

car ce dernier, convaincu que Djemalledin connaissait trop de faits et qu'il possédait en outre des papiers trop compromettants, le retint sous divers prétextes, le fit même amener à proximité du Palais et surveiller à son insu très étroitement. La précaution était bonne, car l'individu qui devait assassiner le Schah était arrivé sain et sauf à Téhéran où il se cacha chez des complices, qui lui promirent monts et merveilles ; et, persuadé qu'il délivrait la foi de l'Islam, il quitta sa retraite un jour de cérémonie et attendit la sortie du Schah pour commettre son attentat. Le Schah quittait la mosquée où il venait d'assister à la cérémonie anniversaire de son accession au pouvoir, lorsque l'individu en question se jeta sur lui et lui tira à bout portant plusieurs coups de revolver. Immédiatement arrêté, il avoua toute la vérité en répétant que le complot ourdi au Palais d'Yildiz avait eu son exécution à Téhéran :

« Dans cet acte, a-t-il dit, moi Mirza Kirmani, je fus la main, et Djemalledin avec Abdul-Hamid la tête. »

- Vous devinez, sans commentaires, les suites diplomatiques de cette affaire.

Affolé, Hamid se cacha dans un kiosque mystérieux, et sanglota tout une journée comme un

4

misérable ; forcé de recevoir l'ambassadeur de Perse, il lui fit les plus plates excuses, promit de rendre Djemalledin, offrit des compensations de toutes sortes ; mais, craignant les révélations de son complice Djemalledin, il se ravisa, préféra le faire empoisonner plutôt que de le livrer vivant.

Le Schah actuel se contenta des avantages qu'il acquit, et l'affaire n'eut pas de suites plus graves. Mais le mal couve et on attend en Perse une revanche. A nous d'en profiter.

Voici un autre fait qui prouvera au lecteur ce que vaut l'Homme d'Yildiz.

La fille de l'infortuné Mourad V vient de succomber aux souffrances endurées par suite de son incarcération et de l'éloignement forcé de son père ; malgré les suppliques de Mourad, il lui fut refusé d'étreindre le cadavre de sa fille pour la dernière fois. Quand Y... intervint pour faire accorder cette grâce à ce malheureux, Hamid répondit : « Mon frère ? qu'il crève, lui aussi, de la sorte je serai délivré d'un cauchemar ! Il y a longtemqs qu'il me pèse. Il a donc une santé de fer, ce chien-là ? Oh ! il y a longtemps qu'il ne serait plus de ce monde s'il n'y avait pas eu engagement fait... »

Ce n'est pas tout, il y a plus monstrueux encore. Son fils, soupçonné d'avoir été le candidat d'un parti Turc révolutionnaire qui préparait une révolution de palais, a été assassiné récemment par ordre paternel. Ceci est une preuve manifeste que l'avant-garde de la Jeune Turquie, ceux qui, un jour tomberont morts sur le pavé de Constantinople, n'est pas un parti puéril.

Je demande aux lecteurs si un tel être mérite la reconnaissance officielle de l'Europe civilisée.

Voilà où en est le pays. Si nous voulons prendre rang dans la civilisation ; si nous voulons faire cesser les massacres, il faut agir, agir énergiquement à Constantinople, appliquer une répression terrible aux assassins qui nous gouvernent. Il faut terroriser les bandits fanatiques le Code en main, et une Convention nationale telle qu'elle fut à l'époque de la Révolution française, avec des émules de Danton et Robespierre, ou bien cachons-nous la tête comme les autruches, et attendons stoïquement qu'on nous déplume de notre dernière touffe.

Croquis de soldat turc

Le service militaire est obligatoire pour tout musulman en Turquie, à l'exception toutefois de la population de Constantinople, dispensée par une coutume stupide. Il est vrai que ce même service, dénommé pompeusement obligatoire, ne l'est que sur le papier ; mais cette question n'entre pas dans le cadre de cet opuscule. Ici, je ne veux tracer que quelques lignes sur la psychologie du soldat turc.

Ce soldat est-il fanatique ? D'aucuns le dépeignent sanguinaire, pillard. Eh bien, c'est archi-faux. Il n'est ni l'un ni l'autre ; mais, par contre, il est, le malheureux, d'une ignorance crasse. C'est chez lui l'obéissance passive aux ordres de ses chefs. Ce n'est pas la discipline comme on la conçoit en Europe où, malgré tout, le peuple soldat garde par devers lui un jugement appréciateur sur les actes qui sont ordonnés. C'est l'ignorant hypnotisé qui se croit inférieur au premier caporal venu. Tout est lettre d'Evangile : pillage, viol, assassinat, pourvu que cela soit sanctionné par un chef qui, dans son ordre barbare, invoque toujours le salut de la patrie.

Le soldat turc pillera aussi bien une mosquée qu'une synagogue ou une église, si l'individu qui est hors des rangs le lui commande.

Il ne peut discerner le bien du mal ; sitôt embrigadé dans la caserne, il ne vit plus pour lui. Il devient un instrument qu'on guide selon le bon plaisir du Sultan. Brave, s'il est mené par des braves ; pillard, s'il l'est par des pillards et des assassins. Arrachez-le au caporalisme, placez-le comme ordonnance chez un officier intelligent et honnête : il devient le modèle des serviteurs dévoués.

Voici, du reste, un exemple typique qui édifiera le lecteur.

Lorsque l'on égorgeait les Arméniens à Constantinople, en 1896, les matraqueurs du Palais s'étaient rués chez un prêtre arménien, âgé de 85 ans, impotent, lequel vivait retiré dans un village bosphoréen de la côte d'Asie avec ses nièces et le mari de l'une d'elles, A. Karakouchi. Après avoir égorgé le prêtre, assommé Karakouchi et étranglé une vieille bonne, les bandits allaient se jeter sur les jeunes femmes pour assouvir leur soif et leur faim de luxure. Ensanglantées, à moitié nues, les malheureuses s'apprêtaient à escalader les croisées pour fuir les fauves, quand un soldat turc de l'armée active accourut aux cris d'appel des désespérées et, n'écoutant que son cœur, bondit sur les misérables, en tua deux, sauva les femmes et délivra Karakouchi, lequel, du reste, expira quelques mois après à la suite de ses blessures. J'en appelle au témoignage de l'honorable veuve de ce malheureux.

C'est un fait entre mille ; je cite celui-ci car j'ai connu les victimes ; mais, pour celui qui voudrait sérieusement entreprendre l'étude des mœurs et coutumes de la caserne turque, que de faits analogues à citer !

Sitôt que le soldat est isolé, seul avec sa conscience et son libre arbitre, c'est un homme dont le sentiments sont bons ; mais, jeté dans les immondes casernes, il n'est qu'un lâche, qu'un bourreau et un souilleur. Il attend que le chef lui suggère une idée, un acte ; peu lui importe le fait à accomplir. Le Sultan, vous dit-il sérieusement, est roi d'Angleterre et de toute l'Europe continentale, maître suprême du ciel et de la terre, par intérim.

Dans la chambrée, l'immonde officier, après l'extinction des feux, vient lui faire des attouchements infâmes. — Vois-tu, lui dit-il, pour nous, militaires, c'est là le plaisir sexuel autorisé, car il nous est expressément défendu de fréquenter les femmes, à moins que ce ne soient celles de l'ennemi. C'est l'ordre du Padischah. — Cela va bien, répond le malheureux, et voilà comme on fait l'éducation du soldat en Turquie.

Parfois le Sultan a besoin de quelques régiments pour étouffer dans le sang les revendications d'une émeute. On mobilise alors ces malheureux. En guenilles, affamés, assoiffés, appâtés, le fusil rouillé sur l'épaule, la face blême, l'œil hagard, ils attendent que le chef les électrise, les rue sur la commune à mettre au pillage par ordre du Padischah.

Le massacre, le pillage et le viol prennent alors de telles proportions que les misérables instigateurs eux-mêmes s'effraient, mais, hélas ! trop tard : le flot de ces bêtes les rejette comme des bouchons.

En résumé, quand le soldat turc se livre à des atrocités, c'est par ordre ; il agit comme une machine dirigée par une main coupable, et il n'est pas plus responsable qu'elle. Son symbole militaire, c'est l'obéissance passive poussée jusqu'à l'inconscience.

Choses et autres

Il existe en Turquie d'immenses terrains vagues appartenant, non pas au Sultan, mais à l'Etat. Quand Abdul-Hamid perd quelque province, ce qui lui arrive assez souvent, il fait inviter les fanatiques des contrées qui ont été enlevées à l'Empire à venir s'installer en Turquie, où ils seront secourus, recevront des propriétés, etc. En même temps il fait, par des fonctionnaires de la liste civile, choisir les plus fertiles et les mieux situés des terrains vagues dont il vient d'être parlé, il y installe, à leur arrivée, les réfugiés auxquels il fait, aux frais de l'Etat, donner des instruments aratoires, des semences, etc. Il fait délimiter les communes, et, comme de juste, les réfugiés sont affranchis de tout impôt pendant le temps nécessaire pour le défrichement. Quand les propriétés sont en valeur, un décret du Sultan annonce qu'elles appartiennent à la liste civile. Le tour est joué, les réfugiés deviennent fermiers et l'Etat ne peut percevoir aucun impôt.

C'est ainsi, pour ne citer qu'un exemple, relevé dans le *Mechveret* (1) : il suffit de savoir que les propriétés accaparées dans la seule province de Bagdad, donnent au spoliateur Hamid un revenu de 120.000 livres turques par mois, soit 1.130.000 livres par an, c'est-à-dire plus de 33 millions de francs.

Par contre, dans ce vilayet, où mon père fut directeur de la Dette Publique, les troupes, les fonctionnaires civils et militaires ne touchent pas un sou régulièrement. Les arriérés de ces derniers montent parfois à des milliers de francs. Sans le vol et la concussion, je ne sais comment ils pourraient vivre.

Les soldats font peine à voir. Les malheureux plient l'échine sous leur uniforme en loques. Leur capote trouée, déchirée ; le pantalon débraillé laisse échapper la chemise par la brayette. Des chaussures de toutes formes. Vous n'en verrez pas une escouade habillée de même. Il y en a qui ont des capotes, d'autres des tuniques ou des vestes ; des culottes, des pantalons ou des caleçons ; des bottes, des espadrilles ou des savates.

La ville présente un aspect répugnant. Les rues ne sont qu'une mer de boue et d'excréments. Aux quartiers indigènes, la population grouille

(1) Organe de la Jeune Turquie, à Paris.

comme des animaux immondes et végète dans les caves. A part quelques levantins d'origine étrangère, le peuple vit dans une misère noire et meurt dans l'infection. Cela n'empêche pas Abdul-Hamid de prélever 33 millions qui reviennent de droit à ce malheureux vilayet de Bagdad.

Du reste, l'état de la capitale ferait rougir un faubourg de Bagdad. En dehors de Pera, habité par la colonie étrangère, le reste de la ville n'est que ruelles tortueuses. Vous ne pouvez faire quelques pas sans buter contre des pavés pointus, et heureux encore si vous ne tombez pas sur des tas d'ordures et de charognes. La vermine et les guenilles cotoient la boue et les immondices. Au milieu de ces fumiers on voit des cimetières qui n'inspirent aucun recueillement, et, parfois, des ossements gisent au hasard. Des chiens galeux, des prostituées, des lubriques, des mendiants, des matrones se promènent au milieu de tout cela. Autour des fosses, les femmes publiques font des parties de plaisir, et même, à certaines époques, les corbeaux se jettent sur cette proie. Disséminées dans les centres populeux de la capitale, entassées dans des maisons en bois, aux portes et fenêtres ouvertes, des milliers de filles publiques, en chemise, une ombre de jupon qui vient aux genoux, une fleur à l'oreille et une cigarette entre les doigts, crient et font l'article de leurs appas. D'autres, en ignoble maillot, à cheval sur des chaises au milieu de la chaussée, se disputent les passants ou bien se collettent avec d'affreux voyous levantins. D'autres, en nymphes ivres, roulent parmi les ordures ou les relavures des ruisseaux. D'autres encore promènent des fillettes dans les cabarets avoisinants pour les gros enchérisseurs.

Parfois, ces saturnales occasionnent de terribles incendies. On voit, dans cet entassement de masures, aux planches disjointes, des drames horribles. Pendant que des ruelles sont en feu et que des malheureux sont la proie des flammes, les légendaires bachi-bouzouks, pompiers pour la circonstance, s'abattent sur ce brasier et ne s'occupent qu'à saccager, piller et souiller des femmes et des enfants. Ce n'est pas tout : il faut que les habitants donnent encore de l'argent pour la paye de l'équipe.

Quant aux agents de la police, les gardiens de la paix, ils sommeillent dans leur guérite ou se promènent avec une lourde matraque, pour protéger les voleurs.

TABLE

Imprimerie L. Duc & Cⁱᵉ, 125, rue du Cherche-Midi, Paris.